Der Cocooning Lebensstil

Zufriedene und sichere Zeiten
zu Hause genießen

Tess Jansen

Über dieses Buch:

Was bedeutet Cocooning? Wer hat Cocooning erfunden? Was sind die Vorteile und Annehmlichkeiten eines Cocooning-Lifestyles für mich?

Antworten auf diese und viele weitere Fragen finden Sie in diesem Buch von Tess Jansen, die bereits über „Niksen - The Power of Doing Nothing" geschrieben hat.

Ein Cocooning-Lifestyle ist eine große Hilfe in Zeiten, in denen Sie sicher und glücklich zuhause bleiben wollen. Dieses Buch zeigt Ihnen die Vorteile auf und gibt Ihnen Ideen, wie Sie eine tolle Zeit zu Hause verbringen, die Vorteile von Entstressung genießen und auch die gewonnene zusätzliche Zeit und Freiheit nutzen können. Cocooning bedeutet nicht, allein oder gar einsam zu sein! Auch wenn dies ein Teil davon sein kann, gibt es viele Möglichkeiten, sich mit anderen Menschen zu verbinden.

Genießen Sie den Komfort Ihres Zuhauses!

Der Cocooning Lebensstil

Zufriedene und sichere Zeiten zu Hause genießen

Von Tess Jansen

"Eine Person, die ihr Zuhause lange Zeit nicht verlassen hat, weiß vielleicht viel mehr über die Außenwelt als eine Person, die täglich zur Arbeit pendelt."

BN Publishing

Der Cocooning Lifestyle

Zufriedene und sichere Zeiten
zu Hause genießen

© 2021 by Tess Jansen

ISBN: 978-1-63823-020-5

INHALTSVERZEICHNIS

EINLEITUNG 7
WAS IST DER COCOONING LIFESTYLE? . 11
  Cocooning Lifestyle...................................... 15
  Der Hintergrund und die Geschichte des Cocooning... 21
    Der saisonale Effekt..................................... 25
      Cocooning im Winter 25
      Cocooning im Sommer 26
ARTEN VON COCOONING 29
  Verschiedene Arten von Cocooning 31
    Gepanzerter Kokon 31
    Wandernder Kokon................................... 33
    Sozialisierter Kokon 34
VERSCHIEDENE LIFESTYLES, DIE ZUM COCOONING PASSEN...................................... 37
  Hygge 37
  Lagom... 44
  Niksen 47
  Coorie 50
  Hygge, Lagom, Niksen und Coorie: Ein Überblick.. 53
AKTIVITÄTEN ZUM AUSPROBIEREN ZU

HAUSE 55
    Produktivität 57
    Unterhaltung 59
    Hobbys 63
    Soziales Leben 67
COCOONING LEBENSSTIL: ZUSAMMENFASSUNG 71
    FAZIT 75
Weitere Bücher von Tess Jansen 78
    BONUS: Auszug aus „Niksen: The Power Of Doing NOTHING" 78
        What exactly is Niksen? 79
    „Nordic Lifestyle Trends: Niksen & Friluftsliv" 84

EINLEITUNG

Wenn man Neugeborene in ein Laken wickelt, schlafen sie viel ruhiger. Es gibt ihnen das Gefühl, liebevoll gehalten zu werden. Dieses Gefühl kommt daher, dass sie eine schützende Hülle um sich haben.

Eine Schicht von Komfort und Sicherheit um sich herum zu schaffen, kann Wunder für Ihr psychisches Wohlbefinden bewirken. Ob es nun darum geht, negative Gedanken und Ideen herauszufiltern oder Grenzen aufzubauen, um sich selbst zu schützen - Selbstschutz kann Ihre Persönlichkeit verändern. Es ist ziemlich beruhigend zu wissen, dass man sich in einer sicheren Zone befindet.

Das Konzept des Cocooning verlangt nicht nur, dass Sie sich vor körperlichen Schäden schützen. Es erfordert einen vollständigen Verzicht auf Aktivitäten, die Ihrem geistigen Frieden schaden. Die meisten von uns würden zustimmen, dass dies am besten dadurch erreicht wird, dass man zu Hause bleibt und es vermeidet, zu viele Menschen zu treffen.

Wenn Sie es so unverblümt sagen, kann die Idee etwas unangenehm erscheinen. Es gibt Ihnen das Gefühl, zu rebellisch oder unvernünftig zu sein. Aber Tatsache ist, dass wir alle auf die eine oder andere Weise Cocooning praktizieren, ohne es zu merken.

Wir sind jedoch nicht in der Lage, die kompletten Vorteile zu nutzen, weil wir mit dem Konzept nicht vollständig vertraut sind. Nennen Sie es einen Mangel an Bewusstsein oder einen Widerwillen, die Realität zuzugeben, wir sind nicht ganz ehrlich, was unsere Lifestyleentscheidungen angeht. Wir neigen dazu, Ausreden zu erfinden, anstatt den Leuten mitzuteilen, dass wir es vorziehen, drinnen zu bleiben.

Cocooning kann zu einer schönen Lebenserfahrung werden, die den Geist und die Seele nährt. Es gibt keine festen Regeln und Sie können eine Routine entwerfen, die am besten zu Ihnen passt. Sie können Cocooning sogar jemandem vorschlagen, der dringend einen Stressabbau braucht.

Solange der ultimative Zweck erreicht wird, d.h. Sie arbeiten an Ihrem Glück und Ihrer Zufriedenheit, ist es egal, welche Aktivitäten Sie für Ihren Indoor-Lifestyle wählen. Aber es wäre schön, wenn Sie eine Anleitung hätten, wenn Sie anfangen. Daher möchten wir im folgenden Text alle notwendigen Informationen bereitstellen, die Sie benötigen, um Ihren Cocooning-Lifestyle effektiver zu gestalten.

Sie wissen vielleicht, dass einige Tiere während des Winters einen Winterschlaf halten. Wenn die Umgebung ihnen nicht zusagt und sie ihre Energie sparen müssen, verlassen sie ihr Zuhause für die gesamte Saison nicht. Als Menschen können wir uns definitiv eine Scheibe von ihrem Verhalten abschneiden.

Unsere Gründe, die Isolation zu suchen, mögen etwas komplexer sein, aber wir müssen uns selbst versichern, dass es völlig in Ordnung ist, sich so zu fühlen. Sie sind der beste Richter darüber, was Ihr Geist und Ihr Körper brauchen. Wenn er Ihnen sagt, dass Sie einen Schritt zurück von der aktuellen Routine machen sollen, müssen Sie gehorchen.

Dabei ist Cocooning gar nicht so dramatisch, wie es anfangs erscheinen mag. Aber die positiven Effekte sind wirklich außergewöhnlich. Es gibt ein immenses Maß an Selbstfindung und Charakterstärkung, die beim Cocooning stattfindet.

WAS IST DER COCOONING LIFESTYLE?

Die Außenwelt brummt vor Hektik. Jeder hetzt, um sein Ziel zu erreichen, mit wenig Zeit zum Innehalten und Verschnaufen. Selbst "Entspannung" hat in letzter Zeit eine andere Bedeutung bekommen.

In den meisten Fällen wird erwartet, dass man zu einer bestimmten Zeit an einem bestimmten Ort eintrifft, ein wenig plaudert und dann wieder zur Arbeit geht. Wenn man sich hinsetzt und darüber nachdenkt, scheint die Idee nicht besonders erfrischend zu sein. In der Tat scheint es weit davon entfernt zu sein.

Jede Aktivität, die der Entspannung dienen soll, sollte frei von Regeln sein, die von anderen auferlegt werden. Jedoch – ob es sich um einen Kinobesuch mit Freunden oder ein Essen mit den Kollegen handelt, es wird erwartet, dass Sie sich an bestimmte Protokolle halten. Diese Zusammenkünfte lassen Sie meist ausgelaugt zurück, anstatt für Entspannung zu sorgen.

Wann immer Sie sich entspannen wollen, sollte Ihr erster Gedanke sein, nach Hause zu gehen. Der Ort, an dem Sie sich aufhalten, sollte Ihre größte Quelle des Komforts sein. Aber meist ist das Gegenteil der Fall: die Menschen suchen eine Flucht von zu Hause, wann immer sie sich erholen wollen.

Seelischer Frieden entzieht sich denen, die ihn in der äußeren Welt suchen. Ablenkungen zu finden ist zwecklos, denn immer wenn Ihnen die neuen Aktivitäten im Freien ausgehen, die Sie ausprobieren können, werden Sie in die Verzweiflung zurückfallen. Solange Sie sich nicht mit der Einsamkeit und Ihrem festen Wohnsitz anfreunden, werden Sie sich auf der Suche nach dem Glück immer wieder im Kreis drehen.

Die tiefste Form der Freude und des Glücks kommt aus der Selbstständigkeit. Sich für das eigene seelische Wohlbefinden von anderen abhängig zu machen, ist ein gefährlicher Charakterzug. Wenn Ihre Freunde aus einem Plan aussteigen, sollten Sie sich deswegen niemals unglücklich fühlen.

Natürlich ist es viel einfacher, dies zu sagen, als es tatsächlich zu tun. Aber eine schrittweise Änderung Ihres Lifestyles kann Sie in die Lage versetzen, für Ihr eigenes Glück allein verantwortlich zu sein. Einer der relevantesten Lifestyles in dieser Hinsicht ist Cocooning.

Wenn jemand zu viel Zeit zu Hause verbringt, sagen wir, dass er/sie sich in einem Kokon verkriecht. Im Nachhinein wünschen wir uns alle insgeheim einen Lifestyle, der es uns erlaubt, einfach wir selbst zu sein, ohne uns um die Bestätigung anderer Leute zu kümmern. Ein Lifestyle, der frei von künstlichen Treffen ist, nur um Gleichgesinnte zu besänftigen.

Es wäre nicht falsch zu sagen, dass ein großer Teil der Welt von der Verspottung der Vorliebe, zu Hause zu bleiben, dazu übergegangen ist, einen solchen Lifestyle für sich selbst zu wünschen. Wenn man älter wird, erkennt man, wie wichtig es ist, seinen geistigen Frieden zu bewahren, egal was es erfordert. Und was gibt es Besseres, als sich das Zuhause so gemütlich einzurichten, dass man nie mehr rausgehen muss, um neue Energie zu tanken.

Cocooning Lifestyle

Die wörtliche Bedeutung von Kokon ist eine Schutzhülle. Die am weitesten verbreitete Definition ist eine seidige Hülle, die von den Larven verschiedener Insekten zum Schutz während der Zeit als Puppe gesponnen wird. Eine kokonartige Lebensweise ist nicht anders.

Es beinhaltet, dass man sich in seinem Zuhause einschließt, geschützt vor allen Arten von potenziellen Gefahren und Negativität. Menschen, die Cocooning betreiben, verlassen selten das Haus und passen ihren Lebensstil so an, dass ein Minimum an Ausflügen nach draußen erforderlich ist. Es erfordert einen gewissen Aufwand, um dies zu ermöglichen, aber wenn man erst einmal in der Lage ist, alles von zuhause aus zu verwalten, ist es das definitiv wert.

Es gibt immer einen Teil des Hauses, in dem Sie sich sicherer und wohler fühlen als in den übrigen Bereichen. Das kann Ihr Zimmer sein, das Obergeschoss, das Dachzimmer oder irgendein Ort, an dem Sie einfach frei atmen und ganz Sie selbst sein können. Wann immer Sie etwas Ruhe finden wollen, gehen Sie zu diesem bestimmten Bereich.

> *Die Idee des Cocooning ist es, dieses Gefühl der Sicherheit, Geborgenheit und Behaglichkeit auf das gesamte Haus auszudehnen.*

Das Zuhause sollte sich wie ein sicherer Hafen anfühlen. Wenn Sie drinnen sind, sollten Sie Trost in dem Wissen finden, dass, was auch immer draußen passiert, Ihren Frieden nicht stören kann.

Lassen Sie uns ein anderes Beispiel versuchen. Manchmal schließen Sie Ihre Kopfhörer an und erhöhen die Lautstärke, um den Lärm der Umgebung zu übertönen. Sie hören Ihre Lieblingsmusik oder irgendetwas, das beruhigend ist, um sich ruhiger zu fühlen.

Wenn Sie das tun, schaffen Sie sich mental einen Kokon. Sie betreten eine Zone, in der nichts und niemand Ihre Ruhe stören kann. Das ist es, was ein Cocooning-Lifestyle von Ihnen verlangt.

In der Lage zu sein, in der Bequemlichkeit des eigenen Zuhauses zu bleiben, in Ihrer eigenen Blase des Glücks, ist nichts weniger als ein Luxus. Einige Definitionen bezeichnen diese Praxis als "Freizeit" zu Hause verbringen und wir könnten nicht mehr zustimmen. Beim Cocooning geht es nicht darum, sich in einem geschlossenen Raum einzuschließen, als wäre es eine Art Bestrafung.

Das Bevorzugen von Online-Einkäufen gegenüber Marktbesuchen, das Bestellen im Restaurant anstatt auswärts zu essen, das Einladen von engen Freunden zu Hause anstatt in einem Club abzuhängen sind alles Beispiele für einen Cocooning-Lifestyle. Im Grunde kann alles, was es Ihnen ermöglicht, die Eins-zu-eins-Interaktion (insbesondere mit Fremden) zu minimieren, als Teil dieses

Konzepts betrachtet werden. Es geht darum, wertvolle Zeit zu Hause zu verbringen und stressige Verpflichtungen zu vermeiden.

Zum Glück ist das durch die Technik sehr bequem geworden. Sie können praktisch alles ohne große Mühe von zu Hause aus erledigen. Der E-Commerce-Sektor floriert und für die meisten Produkte und Dienstleistungen müssen Sie nur zum Telefon greifen und bestellen.

Der Hintergrund und die Geschichte des Cocooning

Vielleicht haben Sie bemerkt, dass die meisten Genies in der Geschichte nicht sehr soziale Menschen waren. Das liegt daran, dass (laut Forschung) Menschen, die intelligenter sind, nicht gerne viel soziale Kontakte pflegen. Sei es Einstein oder Newton, viele ikonische historische Persönlichkeiten waren dafür bekannt, introvertiert zu sein.

Aber jede Interaktion, die jemand mit ihnen hatte, ließ diese Person von ihren nachdenklichen Einsichten fasziniert zurück. Es scheint, als ob begrenzte Interaktion die Qualität ihres Austauschs verbesserte. Vielleicht lag das an der vielen Zeit, die sie allein verbrachten und über verschiedene Themen nachdachten.

Das soll nicht heißen, dass Extrovertierte weniger intelligent sind oder dass Cocooning nicht für sie geeignet ist. Sie können extrovertiert sein und trotzdem Interaktionen, die keinen Zweck erfüllen, nicht mögen. Es geht nur darum, dass man einen entspannten, gesunden Lebensstil einem hektischen, chaotischen vorzieht.

Erzwungene Unterhaltungen haben uns viel weniger einfühlsam gemacht. Von der täglichen Interaktion mit Arbeitskollegen bis hin zum Besuch einer Party mit alten Freunden sind wir nur noch damit beschäftigt, Höflichkeiten auszutauschen und Small Talk zu betreiben. Dafür gibt es verschiedene Gründe.

Erstens: Das Leben ist extrem hektisch und roboterhaft geworden. Die Menschen haben wenig Zeit, sich zu besinnen, und das spiegelt sich in ihrem sozialen Verhalten wider. Spott, Sarkasmus und negative Kommentare haben zugenommen, weil jeder zunehmend unzufrieden mit dem Leben im Allgemeinen ist.

Dies ist wahrscheinlich der größte Grund, der die Idee, Leute zu treffen, so anstrengend erscheinen lässt. Sie fürchten sich vor jedem bevorstehenden gesellschaftlichen Ereignis, weil Sie bereits wissen, welche Art von Gesprächen Sie zu hören bekommen werden. Es stört Sie sogar noch mehr, wenn Sie kein konfrontativer Mensch sind.

Der zweite Grund ist die gestiegene Menge an Stress, die sich negativ auf unsere allgemeine psychische Gesundheit auswirkt. Wir sind nicht mehr daran interessiert, Zeit und Energie in die Erweiterung unseres sozialen Kreises zu investieren. Wir sind mehr mit Verbindungen zufrieden, die nur minimalen Aufwand erfordern.

In den vergangenen Jahrzehnten gab es ein Übermaß an sozialen Aktivitäten. Als die Welt zu einem globalen Dorf schrumpfte und die Kommunikationssysteme bequemer wurden, wuchs die Liste der Bekannten ins Unermessliche. Es gab mehr gesellschaftliche Veranstaltungen, die von einer größeren Anzahl von Menschen besucht wurden.

Das war zwar toll für die persönlichen und beruflichen Perspektiven aller, erschöpfte aber auch allmählich die emotionale Gesundheit. Wenn man eine größere Vielfalt an Menschen kennenlernt, macht man alle möglichen unterschiedlichen Erfahrungen. Einige sind angenehm überraschend, während andere sich als ziemliche Enttäuschung herausstellen.

Der Drang zum Cocoon könnte als ein Weg zur Entgiftung betrachtet werden, nachdem man eine Menge toxischer Trends ertragen hat. Das ist ähnlich, wie wenn der übermäßige Gebrauch von sozialen Medien den Wunsch nach etwas ruhiger Zeit für sich selbst aufkommen lässt. Der menschliche Geist und Körper sind darauf ausgelegt, übermäßige Aktivität mit angemessener Ruhe auszugleichen.

Aber wir leugnen diesen Drang oft aus verschiedenen Gründen. Zum Beispiel finden wir es in Ordnung, unsere Gesundheit zu kompromittieren, um bei der Arbeit zu glänzen. Wir wollen soziale Verpflichtungen nicht verpassen, weil wir Angst haben, etwas zu verpassen oder zurückgelassen zu werden.

Außerdem gibt es den Mythos, dass Cocooning nur etwas für Menschen ist, die ernsthafte Probleme haben, das Haus zu verlassen. Dazu gehören chronisch Kranke und ältere Menschen. Obwohl

Cocooning definitiv auch für körperlich schwächere Menschen geeignet ist, ist es auch für die jüngere Generation wie maßgeschneidert.

Solange wir uns erinnern können, haben wir in städtischen Siedlungen gelebt. Wir sind nicht unbedingt geneigt, Wasser aus dem Brunnen zu holen oder einen Spaziergang im Wald zu machen. Wir wollen einfach ein Haus (mit allen notwendigen Einrichtungen), das von unserer Seite den geringsten Aufwand erfordert.

Nun, wir setzen die täglichen Aufgaben der modernen Zeit nicht mit den mühsamen Aufgaben der alten Zeit gleich. Wir weisen nur darauf hin, dass wir eine verwöhnte Generation sind. Also brauchen wir einen Lifestyle, der zu unserer entspannten Lebenseinstellung passt.

Cocooning ist ein Begriff, der 1981 von Faith Popcorn eingeführt wurde. Sie ist Autorin, Futuristin und die Gründerin (sowie CEO) einer Marketing-Beratungsfirma namens BrainReserve. Popcorn ist vor allem für ihre Brillanz bei der Vorhersage von Zukunftstrends bekannt.

Sie schrieb auch über verschiedene Formen des Cocooning, die wir in einem späteren Abschnitt des Textes besprechen werden. Cocooning gewann in der zweiten Hälfte des 20. Jahrhunderts an Bedeutung und ist seither eine beliebte Idee. Je mehr Menschen sich mit der Idee vertraut machen, desto mehr Modifikationen und Variationen gibt es auch.

Der saisonale Effekt

Wenn Ihnen die Vorstellung, das ganze Jahr über im Cocoon zu verbringen, zu extrem erscheint, können Sie sich für eine saisonale Variante entscheiden. Die Wahl der Jahreszeit, die Sie drinnen verbringen möchten, kann von der Härte des Wetters während dieser Zeit in Ihrer Gegend abhängen. Wenn in Ihrer Gegend zum Beispiel viel Schnee fällt und die Winter besonders hart sind, können Sie sich dafür entscheiden, diese Zeit drinnen zu verbringen.

Cocooning im Winter

Wenn Sie über Cocooning im Winter nachdenken, wäre Ihre Vorstellung, einen warmen, gemütlichen und komfortablen Ort zum Leben zu haben. Es könnte draußen eiskalt sein und der Gedanke, in eine Decke eingewickelt zu sein und vielleicht ein heißes Getränk zu genießen, würde jedem extrem verlockend erscheinen. Der Schneefall kann ein sehr angenehmer Anblick sein, aber er wäre für Sie vielleicht noch schöner, wenn Sie ihn von innen aus dem Fenster genießen können.

Winter sind allgemein dafür bekannt, dass sie die Menschen träge machen. Das Niveau der körperlichen Aktivität sinkt bei kaltem Wetter, wahrscheinlich wegen der geringeren Blutzirkulation. Man fühlt sich geneigt, im Bett zu bleiben oder sich auf der Couch zu entspannen, anstatt auszugehen.

Sie könnten sich an den Kamin setzen und ein Buch lesen, etwas Entspannendes im Fernsehen anschauen oder sich einfach ein leckeres Essen gönnen. Etwas für sein Glück zu tun, während man sich einkuschelt, ist relativ einfach. Außerdem fällt die Urlaubszeit in vielen Teilen der Welt mit der Wintersaison zusammen.

Cocooning im Sommer

Auf der anderen Seite wäre Cocooning im Sommer eine ganz andere Erfahrung. Sie würden sich vor der sengenden Hitze retten wollen, indem Sie drinnen bleiben, vorzugsweise in einem angenehmen, klimatisierten Raum. Ihre Vorliebe mag sich mit der Jahreszeit ändern, aber der Wunsch, bequem drinnen zu bleiben, bleibt immer bestehen.

Im Sommer würden Sie daran denken, sich gut hydriert und frisch zu halten. Bei heißem Wetter nach draußen zu gehen, kann ziemlich anstrengend sein. Auch Ihre Haut ist den Auswirkungen der Hitze ausgesetzt.

Apropos Haut: Vielleicht haben Sie schon einmal gemerkt, dass Sie viel frischer aussehen, wenn Sie nach einigen Ferien wieder in die Schule oder zur Arbeit gehen. Der Wind im Winter macht Ihre Haut trocken, während sie im Sommer anfängt, ein wenig fettig auszusehen. Natürlich variiert dies auch je nach Hauttyp, aber mit Cocooning können Sie zumindest wetterbedingten Hautproblemen vorbeugen.

Der Lifestyle kann je nach Jahreszeit geformt werden. In der Tat ist es das, was wir tun, ob wir nun Cocooning betreiben oder nicht. Wir holen im Winter die warmen Klamotten raus und machen schnell die Sommerkörper fertig, sobald das Wetter umschlägt.

Der Unterschied beim Cocooning ist, dass alles erledigt werden würde, ohne das Haus zu verlassen. Sie können Produkte und Dienstleistungen online bestellen und sich für die gesamte Saison eindecken. Sobald man sich daran gewöhnt hat, beginnt der Lifestyle wie eine natürliche Wahl zu erscheinen.

Es ist so, als würden Sie die Vorhänge aufziehen, wenn Sie Sonne brauchen, und sie wieder zuziehen, wenn Sie sie nicht brauchen. Sie brauchen nur kleine, einmalige Anpassungen, wenn eine Saison beginnt. Ansonsten sind die meisten unserer Häuser bereits so konzipiert, dass sie unabhängig vom Wetter voll funktionsfähig sind.

ARTEN VON COCOONING

Die psychische Gesundheit war noch nie so fragil wie in jüngster Zeit. Immer mehr Menschen leiden unter chronischen Angstzuständen und Depressionen. Aufgrund dessen sinkt auch das allgemeine Niveau der körperlichen Gesundheit.

Es gibt verschiedene Therapien und Medikamente, die ausprobiert werden, um dieser steigenden Bedrohung zu begegnen. Aber das sind eher kurzfristige Maßnahmen, die vorübergehend Linderung verschaffen. Um sich von den oben genannten psychischen Problemen vollständig zu erholen, müssen wir ihre Ursachen beseitigen.

Stress kann bei verschiedenen Menschen verschiedene Ursachen haben. Manche machen sich Sorgen um die Arbeit oder die Finanzen, während andere eine schwierige Phase in ihren persönlichen Beziehungen durchmachen. Was auch immer der Grund für die Ängste der Menschen sein mag, es gibt immer einen gemeinsamen Nenner: die Angst vor Unsicherheit.

Die Ungewissheit wird durch Dinge erhöht, die außerhalb unserer Kontrolle liegen. Wir können unsere eigenen Handlungen kontrollieren, aber wir können die Reaktionen anderer auf dieselben nicht genau vorhersagen. Keine noch so große Vorsicht wird uns dazu bringen, zukünftige Ergebnisse im Voraus zu bestimmen.

Der Alltag bringt verschiedene Faktoren mit sich, die das Gefühl der Angst verstärken. Soziales Verhalten, der Verkehr auf den Straßen, Probleme bei der Arbeit, fast alles, womit wir uns beschäftigen sollen, ist von Natur aus unberechenbar. So kann man nicht anders, als sich am Ende des Tages absolut ausgelaugt zu fühlen.

Wir können den Stress in unserem Leben stark verringern, wenn wir eine Routine schaffen, die nur wenig von anderen Menschen abhängt. Sie müssen sich nicht damit auseinandersetzen, dass Sie Ihren Arbeitsplatz zu spät erreichen, weil das Auto von jemand anderem mitten auf der Straße liegen geblieben ist. Sie werden nicht den ganzen Tag damit verbringen, sich wegen einer unangenehmen Situation, die Sie bei der Arbeit beobachtet haben, schlecht zu fühlen.

Wenn Sie Cocooning betreiben, müssen Sie sich mit weniger Menschen auseinandersetzen, sind seltener Teil von stressigen Situationen und können dafür sorgen, dass das Gesamtniveau der Unsicherheit in Ihrem Leben minimiert wird. Kurz gesagt, der Lifestyle kann potenziell die Lösung für die meisten Ihrer psychischen Gesundheitsprobleme sein. Aus diesem Grund ist Cocooning nicht nur eine luxuriöse Wahl, sondern auch das Gebot der Stunde.

Verschiedene Arten von Cocooning

Wie im vorherigen Kapitel erwähnt, schrieb Faith Popcorn über verschiedene Formen des Cocooning. Sie hat die Welt nicht nur vor vielen Jahren mit dem aufkommenden Trend vertraut gemacht, sondern hatte auch eine genaue Vorstellung davon, wie sich dieses Konzept entwickeln könnte. Popcorn hat ausgiebig über solche Themen geschrieben. Sie führte auch drei Unterkategorien des Cocooning ein, nämlich den gepanzerten Kokon, den wandernden Kokon und den sozialisierten Kokon.

Gepanzerter Kokon

„Armored Cocoon" bezieht sich auf einen Lebensstil, bei dem Menschen eine zusätzliche Sicherheitsschicht um sich herum schaffen. Bei dieser Form des Cocooning gibt es zusätzliche Maßnahmen wie Hightech-Sicherheitstore, Alarmanlagen, Waffen zum Schutz usw. Es geht also nicht nur darum, sich bequem einzurichten, sondern praktisch auch um ein narrensicheres Sicherheitssystem.

Dies klingt eher für Gebiete mit einer unbeständigen Sicherheitslage geeignet. Wenn die Bedingungen für Recht und Ordnung zu besorgniserregend sind oder es Bedrohungen wie einen militärischen Angriff oder Terrorismus gibt, würden

Sie definitiv Ihr Sicherheitssystem aufrüsten wollen. Zu Hause zu bleiben ist nur ein Aspekt, um unter solchen Umständen sicher zu bleiben.

Heutzutage gibt es Gated Communities, die den Bewohnern zusätzliche Sicherheit bieten. Es gibt sogar Regeln und Vorschriften zum Betreten und Verlassen des Ortes. An den Eingangspunkten werden Identitätskontrollen durchgeführt, was die Wahrscheinlichkeit verringert, dass eine unbefugte (oder verdächtige) Person eindringt.

Wir haben oft in Filmen oder Fernsehsendungen gesehen, dass ein Wissenschaftler, der an etwas Geheimem arbeitet, einen abgelegenen Teil des Hauses/Labors wählt. Es gibt Schichten und Schichten von Sicherheit. Sie haben Alarmsysteme, die losgehen, wenn jemand versucht, die Sicherheit zu durchbrechen.

Diese Szenen aus Thrillern sind eine Sache, wir haben sogar gesehen, wie Dexter aus Dexter's Laboratory sein Labor geheim hielt. Es war ein gut verstecktes Geheimnis vor dem Rest der Welt (außer seiner nervigen Schwester). Der kleine Junge wurde als jemand dargestellt, der nicht allzu gern zu viele Besucher hat.

Obwohl Menschen, die Cocooning betreiben, in der Regel kein so dramatisches Geheimnis zu bewahren haben, können sie sich dennoch mit einigen der Ideen identifizieren. Das Einzige, was sie zu schützen versuchen, ist ihr geistiger Frieden und ihr Glück. Ein gut behüteter, geheimnisvoller

Lifestyle kann dazu führen, dass sich die Menschen sicherer fühlen und somit helfen, dieses Ziel zu erreichen.

Wandernder Kokon

Solofahrten können eine sehr befreiende Erfahrung sein. Eine lange Autofahrt ist oft eine gute Möglichkeit, den Stress und die Erschöpfung des ganzen Tages abzubauen. Wenn die Sorgen Sie verzehren und die Routine des Lebens zu überwältigend scheint, haben Sie einfach Lust, sich auf den Weg zu machen, ohne ein bestimmtes Ziel vor Augen zu haben.

Die meiste Zeit auf Reisen mit wenig oder gar keiner Gesellschaft zu verbringen, ist ein Beispiel für einen wandernden Kokon. Sie können die meisten Angelegenheiten per Telefon erledigen, unterwegs essen und Ihr Leben im Grunde um Ihre Reisen kreisen lassen. Die Einrichtungen, die Automobilunternehmen in letzter Zeit anbieten, deuten ebenfalls auf diesen Trend hin.

Aber das mag für viele Menschen nicht allzu praktisch klingen. Eine leichter vorstellbare Idee wäre so etwas wie Containerhäuser, die in letzter Zeit ein ziemlicher Trend geworden sind. Auch das ist eine Form des wandernden Kokon-Lifestyles.

Der Begriff "wandernder Kokon" lässt viel Nomadenhaftes erahnen. Mit allem Notwendigen unterwegs zu sein und sich niederzulassen, wo immer man Lust hat, war etwas Exklusives für die Nomaden. Jetzt wird es auch von den technologisch fortschrittlichsten Teilen der Gesellschaft praktiziert.

Ein Wanderer braucht nicht viel zum Überleben. Er kann an jedem beliebigen Ort am Straßenrand essen, kann im Auto schlafen und seine beruflichen und persönlichen Angelegenheiten per Telefon erledigen. Der ständige Wechsel der Umgebung ist erfrischend und auch die Zurückhaltung im Umgang mit Bekannten bleibt kein Thema mehr.

Natürlich gibt es einige Voraussetzungen für diesen Lifestyle. Zum Beispiel, ob Sie genug Finanzen haben, um sich ein solches Leben leisten zu können, ob Ihre Gesundheit stabil genug ist, ob es Ihnen möglich ist, den reibungslosen Ablauf der Arbeit zu gewährleisten, usw. Aber wenn die Antworten auf die meisten solcher Fragen positiv sind, gibt es nichts Besseres als diesen Luxus.

Sozialisierter Kokon

Diese Form des Cocooning ist die praktischste und relevanteste der letzten Zeit. Es geht einfach darum, privat zu bleiben und das, was die heutige Generation "low-key" nennt. Man bleibt einfach die meiste Zeit zu Hause und um eine komplette soziale Isolation zu vermeiden, lädt man gelegentlich Freunde ein.

Wenn Sie alleine leben, dann genießen Sie bereits ein erhebliches Maß an Privatsphäre. Das Gefühl, eine komfortable und sichere Höhle zu haben, ist bereits vorhanden. Alles, was Sie tun müssen, ist, einen Weg zu finden, das Haus seltener zu verlassen und unnötige Besucher zu vermeiden.

Wenn Sie jedoch die Wohnung mit Freunden oder der Familie teilen, müssen Sie beim Cocooning kreativer sein. Sie können den Raum isolieren oder den Ort unterteilen, um einen privaten Bereich zu haben. Alternativ dazu können Sie, wenn Sie sich wohl genug fühlen, die ganze Wohnung/das ganze Haus und die Menschen, mit denen Sie zusammenleben, als Teil Ihres sozialen Kokons wahrnehmen.

Weiter oben im Text haben wir erwähnt, dass Introvertierte das Cocooning möglicherweise mehr bevorzugen als Extrovertierte. Das mag für sozialisiertes Cocooning sogar noch zutreffender sein. Dabei bleibt man einfach drinnen und hat keinerlei Kontakt zu anderen Menschen.

Ein weiterer Aspekt, den wir hier erwähnen müssen, ist die zunehmende Sozialangst. Dies ist ein ernstes Problem und die Patienten erleben Symptome wie erhöhte Herzfrequenz, Kurzatmigkeit, Schwitzen usw., wenn sie in der Nähe anderer Menschen sind. Soziales Cocooning kann auch eingesetzt werden, um diese Symptome zu lindern, bis das Problem vollständig behoben ist.

Insgesamt ist diese dritte Art des Cocooning die von Menschen am häufigsten praktizierte. Während bei den beiden anderen Arten im Vorfeld erhebliche Vorkehrungen getroffen werden müssen, kann diese fast sofort und ohne großen Aufwand angewendet werden. Die positiven Effekte zeigen sich auch sehr bald.

VERSCHIEDENE LIFESTYLES, DIE ZUM COCOONING PASSEN

Es gibt einige bereits existierende Trends, die die Qualität Ihrer in Innenräumen verbrachten Zeit verbessern können. Menschen in verschiedenen Ländern haben Veränderungen im Lifestyle entwickelt, um mit dem zunehmenden Stress in unserem Leben umzugehen. Wir haben im folgenden Text einige ausgewählt, die für Cocooning relevant sind.

Hygge

Hygge ist ein dänisches Wort, das keine genaue englische Variante hat. Aber es wird allgemein als das Gefühl von Komfort und Gemütlichkeit definiert. Das Fokuswort ist hier "Gefühl" und nicht die Zufriedenheit, die wir aus etwas Greifbarem ziehen.

Das Wort findet seinen Ursprung in der norwegischen Sprache und bedeutet "Wohlbefinden". Heute ist es ein bekannter dänischer Lifestyle, der dasselbe, nämlich das Wohlbefinden, schützen soll. Er basiert auf der Idee, im Moment präsent zu sein und ihn von ganzem Herzen zu genießen.

Wenn wir ganz ehrlich sind, klingt das ziemlich vage und gewöhnlich. Aber genau das macht Hygge zu einem flexiblen Weg des Glücks und nicht zu etwas Lästigem oder Zeitraubendem. Es geht nicht darum, etwas Außergewöhnliches zu tun, sondern zu lernen, Zufriedenheit in gewöhnlichen Handlungen zu finden.

Wenn Sie mit der Sprache nicht vertraut sind, kann es ein wenig schwierig sein, das Konzept zu verstehen. Für den Anfang wollen wir eines klarstellen. Jedes Produkt, jede Dienstleistung und jede Architektur, die als "hyggelig" angepriesen wird, ist nichts anderes als ein Marketing-Gag.

Hygge ist ein nicht greifbares Gefühl, das sich nur schwer in Worte fassen, geschweige denn in Produkte und Dienstleistungen übersetzen lässt. Es hat eine tiefere Bedeutung, die nur gefühlt und nicht gelernt werden kann. Es erfordert Momente völliger Präsenz und keine umfangreichen Anstrengungen, um Glück zu finden.

Erinnern Sie sich zum Beispiel an das Gefühl, am Fenster zu sitzen und das Rauschen des Regens zu genießen. Der Moment, in dem Sie eine Duftkerze anzünden und einfach das Aroma einatmen. Sagen Sie uns nun, ob Sie das Gefühl solcher Momente genau beschreiben können?

Es gibt keine definierte Liste von solchen Dingen. Den genauen Moment zu erleben, wenn eine Blume blüht, eine Sternschnuppe zu sehen, das Kichern eines Babys zu hören, sind Momente, die Sie lebendiger fühlen lassen. Sie bringen Ihre Aufmerksamkeit zurück in den gegenwärtigen Moment.

Nun beziehen Sie sich auf die Beschreibung für Hygge, die wir zuvor gegeben haben. Völlig präsent in einem Moment zu sein, macht ihn viel angenehmer und erinnerungswürdiger. Etwas, das so einfach zu tun ist, aber von der heutigen Generation vergessen wird.

Wenn Sie achtsamer mit Ihrem eigenen Verhalten umgehen, werden Sie feststellen, dass Sie selten ganz im gegenwärtigen Moment sind.

Sie machen sich entweder Sorgen über ein zukünftiges Ereignis oder bedauern etwas, das in der Vergangenheit passiert ist. Beides trägt wenig dazu bei, dass sich die Gegenwart besser anfühlt.

Davon müssen Sie wegkommen!

Lassen Sie uns ein wenig mehr über den Hintergrund des Hygge-Lifestyles erfahren. Für diejenigen, die nicht viel über das Land wissen: Dänemark erhält im Winter sehr wenig Sonnenlicht (6 bis 7 Stunden). Daher machen die Abende und Nächte einen großen Teil eines Tages aus.

Der Winter wird im Allgemeinen mit Tristesse assoziiert. Die Straßen sind ruhiger und das "Nachtleben" ist nicht so lebendig wie im Sommer. Die Menschen ziehen es vor, warm und gemütlich in ihren Häusern zu bleiben.

Verständlich also, dass die Menschen in Dänemark etwas tun mussten, um ihre Winter fröhlicher zu gestalten. Die Tradition begann damit, sich mit seinen Lieben zu versammeln und eine Mahlzeit zu genießen. Heute hat "Hygge" eine viel breitere Bedeutung.

Da wir über Hygge im Zusammenhang mit Cocooning sprechen, sind wir eher an den Indoor-Aktivitäten interessiert. Doch mehr als jeder praktische Schritt geht es bei Hygge darum, Ihre Wahrnehmung von Glück zu verändern. Sie können sich einfach hinsetzen und ein Buch lesen und es als Teil des Hygge-Lifestyles betrachten.

In dem Moment, in dem Sie anfangen, positive Gefühle mit gewöhnlichen, alltäglichen Handlungen zu verbinden, fangen Sie an, nach dem Hygge-Prinzip zu leben. In Ihrem Garten könnten viele Blumen stehen, aber Sie halten vielleicht nicht allzu oft inne und bewundern ihre Schönheit.

Solche kleinen, wohltuenden Dinge gewohnheitsmäßig zu tun, ist das, was der dänische Lifestyle mit sich bringt.

Betrachten Sie das Beispiel einer Person, die jeden Morgen aufwacht und sofort nach dem Telefon sucht, um die Nachrichten oder die sozialen Medien zu überprüfen. Er/sie würde wahrscheinlich in einer schlechten Stimmung enden, aufgrund all dessen, was heutzutage in der Welt passiert. Daraufhin wäre es schwierig, die Stimmung zu heben und einen erfüllten Tag zu haben.

Zunächst würde sich diese Person nur widerwillig aus dem Bett schleppen und sich durch die gesamte bevorstehende Routine belastet fühlen. Die Hausarbeiten würden zu langweilig und ermüdend erscheinen und die Freizeit würde ohne Entspannung sein. Kurzum, der ganze Tag wäre ruiniert.

Betrachten wir andererseits jemanden mit einer völlig anderen Herangehensweise, den Tag zu beginnen. Diese Person stellt sich einen Wecker, um den Sonnenaufgang zu erleben, sobald er/sie aufwacht. Danach folgt eine heiße Tasse Kaffee, um alle Sinne zu beleben.

Entscheiden Sie nun selbst, welches dieser beiden Beispiele dem Hygge-Lifestyle näher zu kommen scheint? Es geht also nicht darum, drastische Schritte zu unternehmen, um sich glücklich zu fühlen. Sie müssen nur Ihre Routine mit einer positiven Einstellung gestalten.

Um es zusammenzufassen: Schaffen Sie eine Umgebung, die Sie glücklich macht. Bauen Sie einfache, gefühlvolle Aktivitäten in Ihre Routine ein. Genießen Sie den gegenwärtigen Moment, anstatt sich Gedanken über die Vergangenheit oder Zukunft zu machen. All dies zu tun, würde automatisch zum Hygge-Lifestyle zählen.

Lagom

Lagom wird oft als das neue Hygge angepriesen. Zu den Gemeinsamkeiten gehören die Fokussierung auf Zufriedenheit und einfaches Leben. Die Liste der Unterschiede zwischen den beiden Lebensstilen ist jedoch ein wenig länger.

Lagom ist ein schwedisches Wort, das "gerade das richtige Maß" bedeutet. Die Lagom-Lebensweise verlangt von Ihnen, alles in Maßen zu tun. Dazu gehört auch, dass man nur das nimmt, was für einen selbst genug ist, und den Rest für andere übrig lässt.

Es wäre also nicht falsch zu sagen, dass Lagom vom Sozialismus inspiriert ist. Aber da wir uns auf einen moderaten Ansatz konzentrieren, wird von uns erwartet, dass wir weder zu egoistisch noch zu selbstlos sind. Beim Lifestyle geht es darum, realistisch und gerecht zu sein und das Glück in dem zu finden, was man hat.

Lassen Sie uns dies anhand eines Beispiels vereinfachen. Stellen Sie sich vor, Sie gehen zu einem Ausverkauf, bei dem warme Kleidung zur Hälfte des ursprünglichen Preises verkauft wird. Nun, wir alle wissen, dass die Lagerartikel im Ausverkauf normalerweise begrenzt sind.

Nehmen wir also an, Sie mögen zwei Pullover für sich selbst. Sie können sich beide leisten, aber Sie brauchen nur einen für die Saison. Anstatt also gierig oder egoistisch zu werden, kaufen Sie nur einen und sind damit zufrieden.

Das ist es, worum es bei Lagom geht. Sie denken daran, anderen nicht ihren Anteil an etwas Gutem vorzuenthalten. Sie nehmen nur eine angemessene Menge der Dinge, die Sie benötigen.

Diese Regel gilt nicht nur für Menschen, sondern erstreckt sich auch auf Dinge, die Gesellschaft, die Umwelt und den Planeten als Ganzes. Man kümmert sich um sich selbst, aber man kümmert sich auch gleichermaßen um die anderen. So wird man zu einem verantwortungsvollen Weltbürger.

Wenn wir nun über den Aspekt des Maßhaltens in allem sprechen, lassen Sie uns ein anderes Beispiel betrachten. Wir alle wissen, dass Zucker nicht allzu gut für die Gesundheit ist. Sein langfristiger Konsum wurde mit einer ungesunden Gewichtszunahme und medizinischen Erkrankungen wie Bluthochdruck, Diabetes, Lebererkrankungen usw. in Verbindung gebracht.

Aber wenn Sie den Lagom-Lifestyle leben, werden Sie niemals zu extremen Maßnahmen greifen. Anstatt also komplett auf Zucker zu verzichten, und zwar auf einmal, reduzieren Sie die Aufnahme schrittweise. Sie verwenden ihn hin und wieder und halten auch die Menge in Schach.

Obwohl wir dieses Beispiel verwendet haben, um das Konzept der Mäßigung in Lagom zu erklären, wirft es auch Licht auf einen anderen wichtigen Punkt. Wann immer Sie eine Gewohnheit, nach der Sie süchtig sind, abrupt aufgeben, erleben Sie schwere Entzugserscheinungen. Sie haben das Gefühl, dass Ihnen etwas Wichtiges vorenthalten wurde.

Mit Lagom werden Sie sich weniger verloren fühlen. Der Lifestyle, den wir derzeit führen, ist nichts weniger als eine Sucht. Wir können einfach nicht darauf verzichten, alle unsere Einrichtungen, Gegenstände und Geräte so häufig wie möglich zu aktualisieren.

Die Umstellung auf Lagom würde nicht erfordern, dass Sie auf allen Luxus verzichten. Aber es würde Ihnen definitiv erlauben, Ihre Grenzen zu setzen und eine Linie zur Extravaganz zu ziehen. Sie werden mehr über die Bedürfnisse als über die Wünsche nachdenken.

Manchmal beginnen wir, mit Gleichaltrigen um einen üppigeren Lifestyle zu konkurrieren. In anderen Fällen können wir einfach der Versuchung nicht widerstehen, das neueste Modell unserer Lieblingsmarke von Autos oder Mobiltelefonen zu kaufen. So oder so, wir rennen einfach dem einen oder anderen hinterher, anstatt mit dem zufrieden zu sein, was wir haben.

Wie im obigen Text besprochen, hilft Lagom, solche Lifestyleprobleme anzugehen. Um nun Lagom mit Cocooning zu verschmelzen, müssen wir über Wege nachdenken, wie wir Glück finden können, ohne etwas zu übertreiben. Wir müssen nicht unser ganzes Haus umgestalten, um uns besser zu fühlen.

Kleine Veränderungen, die Ihnen Freude bereiten, passen besser zu diesem Lifestyle. Es ist Ihnen nicht verboten, Dinge zu tun, die Ihnen Spaß machen, solange Sie sie in Maßen tun. Gleichzeitig sollten Sie es vermeiden, sich Extravaganzen nur um des Vergnügens willen zu gönnen.

Niksen

Es gibt verschiedene Meditationsübungen, die es erfordern, dass Sie einfach zur Seite gehen und Ihren Geist von allen Gedanken befreien. Solche Übungen bieten ein paar Momente der Ruhe inmitten des ganzen Chaos. Aber gerade ein paar friedliche Momente erweisen sich als immens hilfreich bei der Wiederherstellung Ihrer geistigen Gesundheit.

Bei Niksen geht es einfach darum, diese wenigen friedlichen Momente zu haben. Es ist wie ein Hauch von frischer Luft in Ihrer geschäftigen Routine. Aber was es von Ihnen verlangt, ist eine noch interessantere Information.

Der Niksen-Lifestyle verlangt von Ihnen, dass Sie untätig sind und nichts tun. Klingt wie die perfekte Art von Cocooning, nicht wahr? Hier ist, was es tatsächlich bedeutet.

Wenn Sie ein Workaholic sind, haben Sie immer eine bevorstehende Aufgabe im Kopf. Selbst wenn Sie sich zum Entspannen hinsetzen, ist Ihr Geist nicht völlig frei von Sorgen. Eine solche Entspannung ist ziemlich sinnlos und dient nicht dem Zweck, Ihren Geist und Körper neu zu energetisieren.

Aufgrund der Umgebung, an die wir gewöhnt sind, sind die meisten von uns "Overthinker". Selbst während Sie dies lesen, würden Sie die Informationen nicht einfach absorbieren. Sie würden die Punkte verbinden und gleichzeitig Vergleiche anstellen.

Niksen ist ein niederländischer Begriff, der "Nichtstun" bedeutet. Sie mögen eine Million Dinge zu tun haben, aber wenn Sie untätig sind, sollte Ihnen keines dieser Dinge in den Sinn kommen. Zum Beispiel muss der Wasserhahn in der Küche vielleicht repariert werden, aber wenn Sie gerade aus dem Fenster schauen und zwei Spatzen beobachten, die sich um ein Stück Brot streiten, stehen Sie nur als Zuschauer da.

Es sollten keine Gedanken in und aus Ihrem Kopf fließen, Sie sollten nicht über etwas Philosophisches nachdenken und Sie sollten sich definitiv keine Sorgen machen. Für diese wenigen Momente existieren Sie einfach. Nicht jede Aktivität muss Ihre gesamte Energie verbrauchen.

Das ist so, als würde man einen Krug mit ungenutztem Wasser leeren, damit frisches Wasser hineingegossen werden kann. Man räumt den Geist, um Platz für neue und verbesserte Ideen zu schaffen. Glücklicherweise ist Niksen mit Cocooning nicht so schwer in Ihren Lifestyle zu integrieren.

Allerdings ist es gar nicht so einfach, die Kunst des "Nichtstuns" tatsächlich zu beherrschen. Egal, was Sie tun, am Ende denken Sie über irgendetwas oder das andere nach. Der menschliche Geist hat keinen Schalter, den man nach Belieben ein- oder ausschalten kann.

Manchmal gelingt es Ihnen, den Gedankenprozess zu stoppen und einfach untätig zu bleiben. Zu anderen Zeiten scheitern Sie kläglich, da all die Gedanken in Ihr Gehirn strömen, gerade als Sie sich entschließen, Ihren Geist für eine Weile frei zu halten. Es ist, als ob das Gehirn so stur wird, wie Sie es bei der Überanstrengung über eine so lange Zeit gewesen sind.

Aber die Aktivität wird mit der Übung besser. Ihr Stresslevel sinkt deutlich, wann immer Sie es versuchen. Es ist also auf jeden Fall einen Versuch wert, jeden Tag ein paar Momente des "Nichtstuns" zu haben.

Coorie

Coorie ist kann man als die schottische Variante von Hygge betrachten. Aber es gibt einen Unterschied. Auch in der neuesten Version von Coorie geht es um das "Umarmen der Natur".

Sie können dies also nicht wirklich zu einem Teil Ihres Cocoonings machen. Aber Sie können den Begriff durchaus in seiner früheren, ursprünglichen Form übernehmen. Coorie bedeutet einfach kuscheln oder schmiegen.

Bei Coorie geht es darum, alle schottischen Traditionen zu genießen, um ein tiefes Gefühl des Glücks zu erlangen. Der Lifestyle legt besonderes Augenmerk auf die Nähe zur Natur und das einfache Leben. Es geht darum, zu den Grundlagen zurückzukehren, um die tägliche Routine zu durchbrechen.

Einfache Aktivitäten, die helfen, Stress abzubauen, wie z. B. ein Familienessen, ein Spaziergang auf einem landschaftlich reizvollen Weg, das Sitzen am Feuer usw. können als Coorie-Lifestyle betrachtet werden. Um drinnen zu bleiben und dennoch der Natur nahe zu sein, können Sie eine Ecke Ihres Hauses mit Pflanzen und natürlichen Elementen dekorieren. Oder Sie können einfach eine Landschaft betrachten, die Ihnen ein Gefühl von Frieden und Glück vermittelt.

Die Natur hat heilende Eigenschaften. Genauso wie die Liebe einer Familie und die Gesellschaft von guten Freunden. Keine Menge an künstlichem Luxus kann den Wert ersetzen, den diese Dinge Ihrem Leben hinzufügen.

Die Idee ist also, nicht zu viele Wünsche zu haben, um sich glücklich zu fühlen. Leben Sie einfach und finden Sie Zufriedenheit in den kleinen Freuden, die geliebte Menschen bringen. Oder wenn Sie sich in Ihrer eigenen Gesellschaft wohlfühlen, könnten Sie einfach einige Zeit allein mit der Sternenbeobachtung verbringen, und das wäre schon genug der Erfrischung für Sie.

Hygge, Lagom, Niksen und Coorie: Ein Überblick

Jedes Land fügt dem Cocooning seine eigenen Farben hinzu. Es gibt keine perfekte oder bevorzugte Art des Lifestyles. Die Wahl ist ganz persönlich.

Sie könnten sogar Teile aus verschiedenen Kulturen mischen, um Ihre eigene, einzigartige Form des Cocooning zu kreieren. Der Aufenthalt in den eigenen vier Wänden sollte Ihnen Frieden bringen und Sie nicht wegen kleiner Details in Stress versetzen. Das Wichtigste ist, dass Sie sich entscheiden, dass Sie Ihr eigenes Glück in Ihrem eigenen kleinen Kokon schaffen.

Nun würde diese ganze Diskussion wie ein ausgefallenes Wortspiel wirken, wenn wir die wichtigste Frage nicht beantworten: Welche Aktivitäten kann man beim Cocooning ausprobieren? Die oben erwähnten Lifestyles sind eher hilfreich, um die richtige Einstellung für Cocooning zu unterstützen. Aber Sie brauchen auch ein paar praktische Vorschläge.

Es ist unzureichend, zu sagen: "Bleiben Sie glücklich im Haus", solange wir nicht auch darauf eingehen, wie das geschehen kann. Wir möchten Sie nicht nur auf eine Brücke verweisen, sondern Ihnen helfen, sie zu überqueren. Deshalb besprechen wir im nächsten Kapitel, wie Sie Ihre

Cocooning-Erfahrung sinnvoller gestalten können.

AKTIVITÄTEN ZUM AUSPROBIEREN ZU HAUSE

Der Entscheidungsansatz im Leben muss mehrdimensional sein. Sie können sich nicht nur auf einen Aspekt konzentrieren und alles andere opfern. Wenn Sie sich nur auf die Arbeit konzentrieren würden, bliebe wenig Zeit, sich um Ihre Gesundheit und Ihre persönlichen Beziehungen zu kümmern. Ebenso würde eine zu große Sorge um Ihr Privatleben die Qualität Ihrer Arbeit beeinträchtigen.

Daher muss man ein Gleichgewicht zwischen verschiedenen Verantwortlichkeiten herstellen. Dazu gehören berufliche Verantwortungen, persönliche Verantwortungen und Ihre Verantwortung, für Ihr geistiges, körperliches und emotionales Wohlbefinden zu sorgen. Denken Sie daran, dass wir oft vergessen, den letzten Punkt in unsere Checkliste aufzunehmen, aber wir müssen lernen, Prioritäten zu setzen, um unseren Lebensstil zu verbessern.

Wenn wir eine Lebensentscheidung treffen, wie z. B. die Wahl eines Jobs, den Umzug an einen neuen Ort, die Einschreibung in ein Universitätsprogramm usw., berücksichtigen wir eine Reihe von Faktoren. Dazu gehören Überlegungen zu Finanzen, Gesundheit, sozialen Angelegenheiten, Unterhaltungsangeboten usw. Wenn wir also einen so ungewöhnlichen Lifestyle wie das Cocooning vorschlagen, haben Sie vielleicht tausend Fragen im Kopf.

Um diese anzusprechen, lassen Sie uns einige der Faktoren besprechen, die beim Cocooning ins Spiel kommen können. Sie können sich von hier inspirieren lassen und die Liste der Dinge ergänzen, die Sie während des Cocooning ausprobieren sollten. Es gibt mehrere Möglichkeiten, diese Erfahrung zu verbessern.

Produktivität

Es gibt einen großen Irrglauben, dass Sie, wenn Sie von zu Hause aus arbeiten, nicht sehr produktiv sein können oder die Qualität Ihrer Arbeit abnimmt. Diejenigen, die diesen Mythos glauben, sind der Ansicht, dass das tägliche Sitzen an einem Ort eintönig werden und sich negativ auf Ihre Arbeit auswirken kann. Sie fühlen sich möglicherweise nicht motiviert zu arbeiten oder verschwenden mehr Zeit.

Das ist einfach eine falsche Information. Erstens ist es auch ziemlich langweilig, jeden Tag in einer Bürokabine zu sitzen. Es gibt keine Abwechslung in Ihrer Umgebung und Sie können nicht allzu viele Anpassungen an Ihrem Arbeitsplatz vornehmen.

Zweitens kann das Arbeiten in Abgeschiedenheit, wenn Ihr Geist in Ruhe ist, großartig für Ihre Produktivität sein. Die Konzentration auf die Arbeit abseits aller unnötigen Aktivitäten kann Sie nur effizienter darin machen. Entgegen der landläufigen Meinung kann Cocooning also tatsächlich Ihre Produktivität steigern.

Praktisch jeder Beruf hat heutzutage Platz für Remote-Operationen. Abgesehen von Arbeiten, die manuelle Arbeitskräfte oder physische Unterstützung erfordern, kann alles online erledigt werden. Zwar gibt es Ausnahmen (wie z.B. Operationen und bestimmte Tests), aber selbst Gesundheitsdienstleister bieten jetzt telemedizinische Dienste an.

Zu Hause haben Sie die Freiheit, sich einen Arbeitsplatz einzurichten, an dem die Arbeit Spaß macht. Die Vorstellung, etwas Produktives zu tun, sollte Sie anregen und glücklich machen. Anders als wenn Sie sich jeden Tag (widerwillig) ins Büro schleppen, sollten Sie aufstehen und sich auf den Arbeitsbeginn freuen.

Zu diesem Zweck können Sie verschiedene Ideen ausprobieren, wie z. B. die Dekoration Ihres Arbeitstisches, um ihn ansprechender zu gestalten. In Büros wird uns eine langweilige Arbeitskabine zugewiesen, die zur Monotonie unserer täglichen Routine beiträgt. Zu Hause haben Sie die Freiheit, mit einzigartigen und kreativen Ideen zu experimentieren.

Wenn Sie eine stabile Internetverbindung und einen Computer haben, ist der Rest ganz einfach zu schaffen. Und diese Einrichtungen sind in den meisten Haushalten weltweit vorhanden. In der Tat können Sie eine globale Reichweite für Ihr Geschäft haben, während Sie von einem kleinen Raum in einem abgelegenen Teil der Welt aus arbeiten.

Unterhaltung

Nur Arbeit und kein Spiel ist auch keine gesunde Lebensweise. Sie müssen auch ein angemessenes Maß an Entspannung haben. Wenn Sie also die ideale Art des Lifestyles herausfinden, achten Sie auch auf die verfügbaren Unterhaltungsmöglichkeiten.

Beim Cocooning gibt es eine Vielzahl von Dingen, die Sie tun können, um sich zu unterhalten. Zum Beispiel ist eine der Hauptquellen für Unterhaltung (seit vielen Jahrzehnten) der Gang ins Kino, um einen Film zu sehen. Kinobesucher warten sehnsüchtig darauf, dass neue Filme herauskommen, damit sie diese mit Freunden oder der Familie genießen können.

Aber mit der neuesten Technologie hat sich diese konventionelle Methode der Unterhaltung komplett verändert. Jetzt können Sie sofortigen Zugriff auf eine große Auswahl an Filmen (aus verschiedenen Genres) genießen und haben eine größere Kontrolle über die Art der Inhalte, die Sie wünschen. Dienstanbieter bieten diese Möglichkeit zu vernünftigen Preisen weltweit an.

Wenn Sie nicht gerne alleine Filme sehen, können Sie wöchentliche oder monatliche Filmabende mit Ihren Freunden planen. Dieses Zusammentreffen zu Hause erweist sich als noch besser als das Erlebnis im Kino, weil Sie mehr

Komfort mit der richtigen Art von Gesellschaft genießen können. Sie können sogar bestimmte Teile anhalten/zurückspulen/vorspulen oder den Film wechseln, ohne eine Eintrittskarte zu benötigen.

Dies ist nur ein Beispiel für die Dinge, die Sie zur Unterhaltung in einem Cocooning-Lifestyle tun können. Aber es zeigt Ihnen einen klaren Vergleich zwischen dem Komfortniveau, das mit Innen- und Außenaktivitäten verbunden ist. Die Leichtigkeit und der Komfort gelten auch für Musik, Fernsehsendungen, Videospiele usw.

Wenn Sie gerne lesen, können Sie auch eine kleine Bibliothek in einem Teil Ihrer Wohnung / Ihres Hauses einrichten. Natürlich gibt es eine Reihe von virtuellen Bibliotheken, in denen Sie online auf Tausende von Büchern zugreifen können. Aber irgendwie fühlt sich diese Erfahrung nicht so persönlich an, wie eine herkömmliche Bibliothek zu Hause zu haben.

Außerdem könnte diese kleine Ecke Ihr eigenes, separates Wunderland sein. Sie könnten über Geschichte, belletristische Romane oder sogar einfache "How-to"-Bücher lesen, um Ihr Wissen zu erweitern. Das Lesen von Büchern wird als eine der bereicherndsten Erfahrungen angesehen, denn es erweitert Ihr Wissen und verbessert Ihre Problemlösungsfähigkeiten.

Buchliebhaber würden zustimmen, dass sie immer dann, wenn sie ein bestimmtes Buch lesen, in eine andere Zone eintreten. Das Genre, das Sie lesen, beginnt Ihre Gedanken und Handlungen zu beeinflussen. Das Lesen vieler positiver Inhalte kann also wirklich gut für Ihre geistige Gesundheit sein.

Hobbys

Menschen, die regelmäßig Tanzkurse besuchen oder wandern oder spazieren gehen, fragen sich vielleicht, wie sie diese Gewohnheiten im Cocooning fortsetzen sollen. Die Antwort liegt wieder einmal in der Technologie. Sie können virtuelle Kurse besuchen oder natürliche Wanderungen durch Trainingsgeräte ersetzen, die eine ähnliche Erfahrung bieten.

Aber anstatt die gleichen alten Hobbys fortzusetzen, sollte das Cocooning auch dazu genutzt werden, neue zu erkunden. Wir sollten Aktivitäten ausprobieren, die mehr mit diesem Lifestyle zu tun haben. Die Zeit, die man drinnen verbringt, kann sehr hilfreich sein, um die eigenen Fähigkeiten zu verbessern.

Die Zeit, die man zu Hause verbringt, sollte sich nicht wie eine Gefangenschaft anfühlen. Es gibt ein klischeehaftes Zitat, das ungefähr so lautet: "Zuhause ist, wo das Herz ist". Wenn man über seine Bedeutung nachdenkt, erkennt man, wie gut Cocooning zu dieser Idee passt.

Wenn ein Verbrecher zu lange gefangen gehalten wird, fängt auch er an, an die Wände zu kritzeln. Die schlichte Umgebung fängt nach einer Weile an, Sie zu sehr zu stören. Nicht, dass wir ein komfortables Zuhause mit einer Gefängniszelle gleichsetzen würden, aber wenn man weiß, dass man für eine lange Zeit auf dieselben vier Wände schauen wird, möchte man natürlich, dass die Aussicht angenehm ist.

Wenn Sie zu viel Zeit zu Hause verbringen, werden Sie automatisch besser in der Innenarchitektur. Sie möchten, dass Ihr Zuhause bunt, gemütlich und gut gepflegt aussieht. Eine fröhliche Umgebung hebt natürlich auch Ihre Stimmung.

Dies ist also ein großartiges Hobby, das man im Cocooning haben kann. Es könnte hilfreich sein, zu wissen, dass einige Farben im Allgemeinen mit einer besseren Stimmung verbunden sind. Sie könnten solche Informationen und Ideen nutzen, um allfällige Stressgefühle zu lindern.

Ein weiteres Hobby, das Sie mit Farben spielen lässt, ist das Malen. Ihre Leinwand mag zwar kleiner sein als bei der Gestaltung von Innenräumen, aber mit Ihrer Farbpalette können Sie Ihre Fantasie nutzen, um alle möglichen Designs zu entwerfen. Selbst einfache Pinselstriche machen Spaß und sind stressabbauend.

Wie wir bereits in einem früheren Teil des Textes erwähnt haben, hat die Natur heilende Eigenschaften. Daher sind Hobbys wie Gartenarbeit auch im Einklang mit einem stressabbauenden, Cocooning Lifestyle. Sich in der Nähe von Pflanzen aufzuhalten, sich um sie zu kümmern, ist eine sehr gesunde Aktivität.

In ähnlicher Weise sind Kochen, Skizzieren, Yoga usw. alles Beispiele für Hobbys, die gut für

Ihre geistige Gesundheit sind. Sie brauchen nicht einmal viel, um mit diesen zu Hause anzufangen. Es gibt viele Möglichkeiten, Ihren Geist zu erfrischen, sobald Sie sich darauf einlassen.

Das Internet ist voll von neuen und kreativen Dingen, die man von zu Hause aus lernen kann. Die DIY-Tutorials sind in dieser Hinsicht sehr hilfreich. Von Kunsthandwerk bis zum Spielen von Musikinstrumenten können Sie so viel kostenlos lernen.

Eine Sache, an die wir uns erinnern müssen, ist, dass Cocooning Zeit spart, die für den Weg zur und von der Arbeit aufgewendet wird. Es spart auch die Zeit und Mühe, die Sie für andere Aktivitäten im Freien aufwenden. Das bedeutet, dass Sie etwas mehr freie Zeit zur Verfügung haben und diese gut nutzen sollten.

Soziales Leben

Als Buddha alles hinter sich ließ und in den Wald aufbrach, hatte er nicht vor, zurückzukehren. Er wollte alle Bindungen abbrechen und sich auf die Spiritualität konzentrieren. Er hatte das Gefühl, dass die weltlichen Angelegenheiten es ihm nicht erlaubten, sich auf sein Gewissen zu konzentrieren.

Sie können sich von der Idee inspirieren lassen, sich von Ihrer Umgebung zu lösen, um eine höhere Ebene der Spiritualität zu erreichen. Allerdings müssen Sie nicht so drastisch vorgehen, wie es Buddha tat. Es wird von Ihnen erwartet, dass Sie soziale Zusammenkünfte einschränken, nicht aber die Idee komplett aufgeben.

Beim Cocooning müssen Sie nicht die Verbindung zu allen Menschen abbrechen. Dass Sie weniger Veranstaltungen im Freien besuchen, bedeutet nicht, dass Sie nicht auch Ihre Lieben zu Hause von Zeit zu Zeit zu einem schönen Essen einladen können. In der Tat werden solche Aktivitäten in diesem Lifestyle sogar gefördert.

Freunde und Familie überhaupt nicht zu sehen, ist auch nicht förderlich für Ihre psychische Gesundheit. Wir müssen uns auch um unsere sozialen Bedürfnisse kümmern. Schließlich möchten Sie nicht aus einer stressigen Situation in eine andere geraten.

Sie können einfache gemütliche Abende planen, um Kartenspiele, Brettspiele oder sogar Videospiele mit Freunden und Familie zu spielen. Alternativ können Sie, wenn Sie genügend Platz zu Hause haben, Vorkehrungen für eine sportliche Aktivität treffen, wann immer Sie etwas Gesellschaft haben. Zum Beispiel ist es heutzutage nicht schwer, eine Tischtennisausrüstung oder einen Snookertisch in einem Teil des Hauses zu platzieren.

Genau wie bei den individuellen Aktivitäten, über die wir zuvor gesprochen haben, gibt es auch beim Cocooning viele Gruppenaktivitäten, die man ausprobieren kann. Wann immer der Lifestyle beginnt, ein wenig einsam zu wirken, können Sie schnell einen Freund anrufen und etwas Lustiges planen. Denken Sie daran, dass wir uns bei diesem Lifestyle auf Glück und Zufriedenheit konzentrieren und alles, was Sie unglücklich macht, sollte sofort geändert werden.

Oftmals halten wir uns in unserem Leben zurück, wenn wir uns auf eine bestimmte Art und Weise verhalten. Wir mögen es zum Beispiel nicht, der Erste zu sein, der anruft oder eine Nachricht schickt, aus Angst vor dem Urteil der anderen Person. Aufgrund solcher selbst auferlegter Einschränkungen fühlen wir uns am Ende oft erdrückt.

Die Änderung des Lifestyles, die wir vorschlagen, mag bedeuten, dass man meistens drinnen bleibt, aber in Wirklichkeit ist es die befreiendste Erfahrung. Sie tun nur das, was Sie als das Beste für Ihr Glück empfinden. Sich nicht darum zu kümmern, was andere Leute denken oder fühlen, nimmt Ihnen eine schwere Last von der Brust.

In Bezug auf das soziale Leben treffen Sie beim Cocooning also nur die Leute, die Sie wollen, zu der Zeit, die Sie wollen, und so oft, wie Sie wollen. Sie können entscheiden, ob Sie einen ruhigen Abend mit gutem Essen oder eine Tanzparty mit all Ihren eingeladenen Freunden wollen. Wenn Sie wirklich mit Herz und Seele dabei sind, um mit Ihren Gästen eine schöne Zeit zu verbringen, wird Ihre Gesellschaft auch für andere Menschen wertvoller.

So verbessert Cocooning auch die Qualität Ihrer sozialen Beziehungen. Die Menschen freuen sich darauf, Sie zu treffen. Persönlich werden Sie mit einem größeren Maß an geistiger Ruhe ein besserer Zuhörer und können auch für andere Menschen da sein.

COCOONING LEBENSSTIL: ZUSAMMENFAS-SUNG

Im Laufe dieses Textes haben wir die verschiedenen Aspekte des Cocooning-Lifestyles hervorgehoben. Wir haben auch eine ganze Reihe von Vorteilen erwähnt, die er bietet. Aber der positive Effekt, den es auf die psychische Gesundheit eines Menschen hat, kann nicht genug betont werden.

Stellen Sie sich dies als einen Rückzug an einen gemütlichen und stimmungsaufhellenden Ort vor. Bis jetzt haben wir besprochen, wie Sie eine solche Umgebung zu Hause schaffen können und was das wirklich bedeutet. Versuchen wir nun, uns vorzustellen, was wirklich passiert, wenn Sie sich in dieser sicheren Zone befinden.

Ein Vogel baut sein Nest mit viel Fleiß. Er fügt einen Strohhalm nach dem anderen hinzu, bis er einen bequemen Platz zum Leben hat. Dieses Nest ist sein Schutz vor anderen Tieren, strengem Wetter und allen Arten von rauer Umgebung.

Nachdem er den ganzen Tag über hin und her geflogen ist, kommt er zum Ausruhen ins Nest zurück. Die Zeit, in der Sie Ihren Platz zum

Cocooning einrichten, ist ähnlich wie der Vogel, der sein Nest baut. Ein schöner, gemütlicher und friedlicher Ort, an dem Sie sich einfach entspannen können.

Wenn das Haus fertig ist und Sie mit dem Cocooning-Wohnen beginnen, betrachten Sie dies als eine friedliche Nacht nach einem langen und anstrengenden Tag. Mit langem und anstrengendem Tag meinen wir all die Jahre, die Sie damit verbracht haben, sich abzurackern. Wenn man bedenkt, wie anstrengend dieser Lifestyle gewesen ist, haben Sie sich eine lange Ruhephase verdient.

Während dieser Zeit wird Ihr Zuhause Ihr Reich sein. Aber Sie wären die Art von Herrscher, der daran glaubt, dem Leben einen Wert zu verleihen, anstatt sich aufzuspielen oder eine Show zu veranstalten. Mit anderen Worten, ein Herrscher, der an ein einfaches Leben glaubt.

Nun, zurück zum Thema psychische Gesundheit. Erstens: Das Gefühl, mehr Kontrolle über Ihr Leben zu haben, macht Sie gelassener. Es hilft beim Abbau von Stress und Ängsten.

Außerdem verbessert es Ihre emotionale Gesundheit, wenn Sie Ihre eigene Routine festlegen und Dinge tun, die Sie lieben. Sie fühlen sich motivierter und fröhlicher. Dies spiegelt sich auch in Ihrer allgemeinen Gesundheit wider.

Schließlich werden die Arten von Interaktionen, die Ihnen Unbehagen bereiten könnten, minimiert. Es besteht also eine geringere Chance, Probleme wie soziale Ängste zu entwickeln. Es ist viel einfacher, mit stressigen Situationen virtuell umzugehen.

Zu Beginn dieses Textes haben wir die bekannteste Bedeutung des Wortes Kokon erwähnt. Es bezieht sich auf die schützende Hülle, die viele Insekten um sich herum bauen. Auch der menschliche Begriff des Cocooning leitet seine Bedeutung davon ab.

Jetzt, am Ende des Textes, möchten wir einen besonderen Hinweis auf die Kokons der Seidenraupen geben. Seide ist einer der luxuriösesten Stoffe für Kleidungsstücke. Sie wird aus dem seidenen Gehäuse gewonnen, das von Seidenraupen gesponnen wird.

Der Grund, dies hier noch einmal zu erwähnen, ist, darauf hinzuweisen, dass etwas so Schönes aus einem Kokon entsteht. In der neuesten Terminologie, wenn das menschliche Haus auch als Kokon bezeichnet werden kann, können wir uns nur erstaunliche Ergebnisse aus dieser Praxis vorstellen. Es gibt vielleicht noch nicht viele Beweise, aber wenn der Trend älter wird, werden wir viele weitere lang anhaltende Vorteile des Cocooning erkennen.

Wir können nicht alles ändern, was in der Welt passiert. Zum Beispiel ist der Klimawandel ein ernstes Problem und wird sich in den kommenden Jahren voraussichtlich noch verschärfen. Es wird überall raue Wettermuster in allen Jahreszeiten geben.

Das Wetter im Freien ist etwas, das außerhalb unserer Kontrolle liegt. Wir können die Schwere des Wetters draußen nicht ändern. Es würde auch nichts bringen, sich darüber Sorgen zu machen.

Was wir aber tun können, ist, eine gemütliche, komfortable Umgebung in den Räumen zu schaffen. Dies wird uns funktional und glücklich halten. Unsere Routineangelegenheit wird nicht durch das Wetter gestört werden.

Um die gesamte Diskussion zusammenzufassen, würde es genügen, zu sagen, dass der Lifestyle sehr hilfreich ist, um die Lebensqualität zu verbessern. Ein ausgeruhter, zufriedener und friedlicher Mensch macht in allen Bereichen des Lebens viel bessere Fortschritte. Cocooning hilft Ihnen, alle drei dieser Ziele zu erreichen.

FAZIT

Haben Sie jemals über den Grund nachgedacht, warum die Idee des Campens so aufregend erscheint? Sie leben nur in einem Zelt mit minimalen Einrichtungen. Es gibt keine konkreten Gebäude oder richtige Infrastruktur um Sie herum.

Der Grund ist, dass es sich wie eine Flucht aus der täglichen Routine anfühlt. Eine Routine, die Lärm, Maschinen, Menschenmengen usw. beinhaltet. Der menschliche Geist ist nicht mechanisch ausgelegt. Er braucht eine nährende Umgebung, um über einen längeren Zeitraum richtig zu funktionieren.

Das ist es, worauf Cocooning und ähnliche Lifestyles abzielen. Wie Sie inzwischen erkannt haben dürften, ist es keine sehr schwer umzusetzende Idee. Was auch immer davon als lästig erscheint oder Ihrem Zweck nicht dient, kann nach Ihrer Wahl umgesetzt werden.

Die globalen Lifestyle-Trends entwickeln sich entsprechend dem Wandel der Zeit kontinuierlich weiter. Alle Aufgaben und Aktivitäten werden angepasst, um die Menschen unabhängiger zu machen. Während die gegenseitige Abhängigkeit ein großartiges soziales Konzept ist, ist es in praktischeren Angelegenheiten nicht allzu hilfreich.

Die Menschen werden zunehmend selbstständiger und unabhängiger. Häuser werden so gestaltet, dass sie eine größere Anzahl von Aktivitäten in Innenräumen ermöglichen. Außerdem werden Gesellschaften mit dem Hauptaugenmerk auf Nachhaltigkeit gebaut.

Genau wie bei den oben genannten Beispielen werden die alltäglichen Gewohnheiten zum Positiven verändert. Es gibt ein größeres Bewusstsein für die Bedürfnisse des Geistes und des Körpers unter den Menschen. Neben dem Gedanken, die Umwelt und den Planeten zu schonen, geht es auch um den Erhalt der eigenen geistigen Ruhe.

In den eigenen vier Wänden zu bleiben, bedeutet nicht einmal mehr zwangsläufig, zurückgezogen zu sein. Eine Person, die das Haus lange Zeit nicht verlassen hat, weiß vielleicht viel mehr über die Außenwelt als eine Person, die täglich zur Arbeit pendelt. Es geht darum, unabhängig von der körperlichen Bewegung gut mit dem Rest der Welt verbunden zu bleiben.

Apropos Verbindung: Sie können sich nicht wirklich mit irgendjemandem oder irgendetwas in der Welt verbinden, solange Sie nicht tief mit Ihrem inneren Selbst verbunden sind. Cocooning bietet genug Stabilität, um sich an die Dinge zu erinnern, die im Leben wirklich wichtig sind. Es gibt Ihnen Zeit, Ihre Energien neu zu gruppieren.

Sicherheit ist die erste und wichtigste Überlegung, wenn man etwas Neues beginnt. Wenn sie mit Glück kombiniert wird, schafft sie eine ideale

Situation für jede Person. Das ist es, was wir mit dem Titel dieses Textes vorschlagen, nämlich sowohl Sicherheit als auch Glück zu genießen, indem man den Cocooning-Lifestyle annimmt.

Wenn die Welt zu laut wird, ist es an der Zeit, sich in sein Versteck zurückzuziehen und alles still zu beobachten. Der Versuch, sich an jeder Debatte und Diskussion zu beteiligen, wird Sie nur müde und frustriert zurücklassen. Das Gleiche gilt für Aktivitäten im Freien. Die Teilnahme an zu vielen ist nicht förderlich für Ihren Geist und Körper.

Wir alle haben schon oft gehört, dass wir unsere Schlachten mit Bedacht wählen sollten. Aber wir sollten auch andere Entscheidungen (die sorgfältig getroffen werden sollten) in diese Liste aufnehmen. Dazu würde gehören, wie viel und welche Art von Gesellschaft wir brauchen, was uns glücklich macht und welche Art von Lifestyle wir leben wollen.

Weitere Bücher von Tess Jansen

BONUS: Auszug aus „Niksen: The Power Of Doing NOTHING"

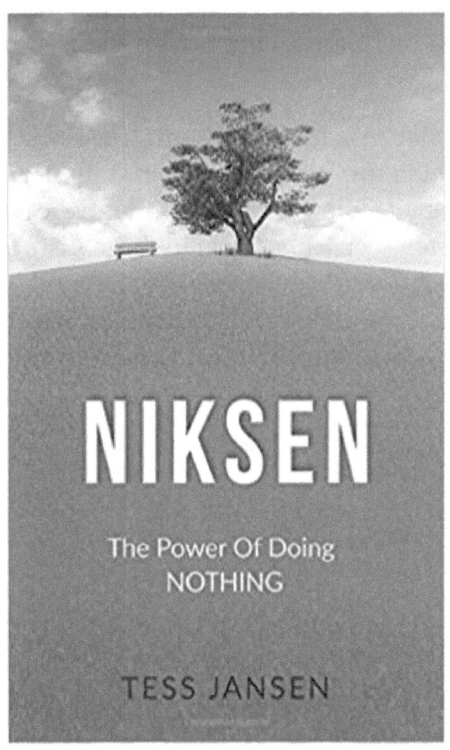

What exactly is Niksen?

In the original Dutch, Niksen is a verb derived from the pronoun *niks*, which means, simply, 'nothing.' Etymologically, it's essentially the same as our own word 'nix.' To *niksen*, then, basically means: to do nothing. To do nothing! To do *nothing?* Nothing at all! Hard sell for a lifestyle, some might say: how can you make a wellness trend – or *any* trend, for that matter – out of *nothing?* The answer, of course, is that it's not that simple… and yet, at the same time, it sort of is.

In her 2018 book "Deviced! Balancing Life and Technology in a Digital World," psychologist Doreen Dodgen-Magee explains Niksen as being like having the motor running in your car while keeping it idle. Others have simply called it "doing nothing with a purpose." That purpose, of course, is to recharge your proverbial batteries, to take a moment away from your responsibilities to both calm your body and clear your mind. Easier said than done, for some. Many who try it out for the first time have trouble allowing themselves the apparent luxury of idleness. *Lekker niksen!* (sweet Niksen) the Dutch may call it, but in countries like Britain and the United States it can sometimes smack of laziness – something our work-oriented cultures, traditionally, have little patience or understanding for. As a result, the average Anglophone trying his or her hand at Niksen for the first time might feel a sense of guilt and embarrassment, which ends up, of course, having the opposite of the intended effect. Training yourself to allow for these Niksen moments can, because of this, feel a bit like learning a new task – in other words, it takes practice! It could be said that the word itself, the very fact that we're relying on a neologism rather than simply calling it "doing nothing," masks our hidden desire and very real need to allow ourselves those little moments of idleness. As Brittany Wong put it in her 2019 article for HuffPost: "Americans have an uncomfortable relationship with taking it easy" and "that's exactly why we need a little niksen in our lives. […] It's not being lazy if you call it niksen."

In other words, finding a trendy new term for something that should maybe seem like common sense can be a way to free us from negative stereotypes, from harmful taboos that have been deeply imbedded into our collective subconscious.

Once you've allowed yourself to let go of the stigma associated with inactivity and accepted the value of doing nothing, the next difficulty that often arises when attempting to strive after that *lekker niksen* is the inconvenient fact that the mind, when you don't give it something specific to work through, tends to wander where you wouldn't necessarily like it to: you think about your worries, you remember all the tasks you've left unfinished, both professionally and in your personal life. As a result, your daydreaming turns sour and ends up causing more problems than it solves.

A study published in 2013, intitled "Pros and Cons of a Wandering Mind," warned that some research participants trying to engage in purposeful daydreaming found themselves getting "caught up in ruminations" which ended up affecting them physically: they experienced increased heart rates for up to 24 hours after the experiment and had trouble falling asleep at night – hardly what you'd want from a wellness lifestyle! On the other hand, the same study suggests that, when you do it right – the researchers suggest focusing on pleasant daydreams about family and friends – there will be long term benefits for your emotional wellbeing, and you will increase your enjoyment of life.

If you're still having a little trouble getting started, try to free your mind by first distracting your body thanks to little things you can tinker with without too much effort or purpose. The Niksen queen herself suggests Baoding balls, kinetic sand or gravitrams, though presumably the recently ubiquitous fad that was (and still is?) fidget spinners could be another alternative. When you're ready to just sit still and do nothing *physically* but are having trouble with *mentally* distracting yourself, you might find a useful (if somewhat basic, and perhaps a little silly) image of the sun setting over a calm sea for two minutes. If you so much as move your mouse, it will reset the timer and invite you to try again. "Just relax" entices a subtle caption etched across the golden light glistening through the few, thin clouds that gently embrace the dying sun, "and listen to the waves." The image itself doesn't provide any audio; but imagining the sound of the waves sloshing soothingly across the water in the warm summer evening, serenaded by the gentle cries of a few circling gulls, is ostensibly part of the exercise.

Once you have more familiarity with just letting your thoughts go, you can begin to find time for it in your daily life. It might help to deliberately pen it into your schedule, but that's not essential: once you've trained your mind to do it, you'll find there are actually quite a few cracks in your daily routines that you can likely squeeze a little *lekker niksen* into. When you wake up to start your day, while sipping your preferred morning beverage, try taking a moment to clear your mind and do nothing. Just enjoy the warmth of your mug in your hands, the delicate dance of the vapour emerging from it, and think of nothing in particular. If you commute to and from work on public transportation or carpools, try looking out the window on the train, bus or car (when you're not on driving duty!): just let the sights pass you by like a screensaver, let the sun wash over your face or the rain glisten across the window. If you pick your kids up from school, try to get there a little early and just sit in or against your car and daydream for a bit. Of course, it's also something to consider doing right when you're in the thick of it: at the height of your stress, when you've hit a wall at work, for instance, and just can't think anymore, forcing yourself to go on won't get you anywhere, and obsessing over your lack of productivity can just eat into your time even further. Instead, try sitting back for a few minutes, clearing your mind, and treating yourself to a taste of that *lekker niksen*.

Other examples might come to mind once you get in the habit of trying to find them, and of course the best way to do it will differ from person to person. That's part of the beauty of it: there is no special technique you need to learn in order to practice Niksen, you just need to take the time to do it and learn to let it happen in your own way. The goal is to regularly cultivate these little moments that belong to you and only you, that don't really need to serve any specific purpose other than just letting it all go for a little while and allowing yourself to simply *be*.

„Nordic Lifestyle Trends: Niksen & Friluftsliv"